의문사로 배우는

언어치료 워크북

4 언제?

글 _ 박지은
• 연세의료원 재활병원 언어치료사

글 _ 우희림
• 대구대학교 일반대학원 언어치료학과 박사과정

글 _ 김정완
• 대구대학교 언어치료학과 교수

의문사로 배우는
언어치료 워크북
4 언제?

초판발행 2016년 7월 25일
초판 3쇄 2019년 1월 11일

지은이 박지은 · 우희림 · 김정완
그린이 박보배밋나
펴낸이 채종준
기 획 조가연
편 집 박미화
디자인 이효은
마케팅 황영주

펴낸곳 한국학술정보(주)
주 소 경기도 파주시 회동길 230(문발동)
전 화 031-908-3181(대표)
팩 스 031-908-3189
홈페이지 http://ebook.kstudy.com
E-mail 출판사업부 publish@kstudy.com
등 록 제일산-115호(2000. 6. 19)

ISBN 978-89-268-7440-0 14370
      978-89-268-7432-5 (전5권)

77
human
therapy

의문사로 배우는

언어치료 워크북

박지은 · 우희림 · 김정완 지음

4 언제?

이담
Books

아이들은
자라면서

인지 및 언어능력이 발달함에 따라 다양한 의문사를 습득하게 됩니다. 이러한 의문사를 활용한 질문들은 아동 언어치료 현장에서 언어 및 인지발달을 촉진시킬 수 있는 효과적인 도구로 사용되고 있습니다.

의문사 형태의 의미를 제대로 습득하지 못한 아동들의 경우, 여러 가지 의문사 질문에 대해 자기가 알고 있는 의문사 형태로만 대답하는 양상을 보이게 됩니다. 정상 발달 아동의 경우, '무엇(목적격)', '누구(목적격)', '어디서', '왜', '언제'의 순서로 의문사를 이해하게 되는데, 지적장애 아동들의 경우 그림 조건에서 '무엇', '누구', '왜'에 대한 이해가 좀 더 높아지는 경향이 있습니다.

따라서 그림을 제시하고 여러 가지 격조사와 태를 이용한 문형의 구성을 통해 언어발달지체 아이들을 훈련하는 것은 좀 더 다양한 맥락 안에서 활발하게 의문사를 이해하고 적절한 대답을 산출할 수 있도록 도와줍니다. 『의문사로 배우는 언어치료 워크북』(전5권)이 아이들의 일상생활 속에서 의문사를 이해하고 사용하는 데 도움이 되길 바랍니다.

목 차

 이 책을 내면서　05

 이렇게 사용하세요　08

이렇게
사용하세요

'언제'는 의문사 질문 중
'왜'나 '어떻게'와 비슷한 시기에 이해하고
산출되는 질문 형태로서,
인간관계에 관한 '왜'와 수단이나 행위의 도구와 관련된
'어떻게'보다도 더 늦게 표현되는 형태입니다.
이 책에 실린 질문들은 시간 개념을 이해하고
표현하거나, 이유에 대한 답변을 제시하고,
사실적 정황 단서를 포착하여 때를 나타나는
의미 단어를 산출하는 과제 등으로
이루어져 있습니다.

시행방법

1_ 아동에게 그림을 보여주면서 옆에 적힌 질문을 읽어주고 적절한 대답을 생각해
   볼 시간을 줍니다.

2_ 아동이 적절한 반응을 보일 경우, 정반응을 다시 한 번 강화해줍니다. 내용은 맞았
   지만, 시제나 어미 활용 등에서 문법적인 오류를 보였을 경우에 내용은 유지하되
   정확한 표현으로 수정하여 다시 들려줍니다. 강화는 구어로 정확한 표현을 들려
   주거나 해당 그림을 색칠하게 하는 방식들이 있습니다.

3_ 아동이 무반응 또는 오반응을 보일 경우에는 주변 그림들의 이름을 구어로 제시
   하면서 촉진 단서를 제공하고, 질문을 다른 형태로 바꾸어 다시 질문하거나 아동
   이 해야 할 대답을 치료사가 들려줄 수도 있습니다.

언제

01

단풍은
언제 볼 수 있죠?

언제

02

횡단보도는
언제 건널 수 있죠?

언제

03

약은
언제 먹죠?

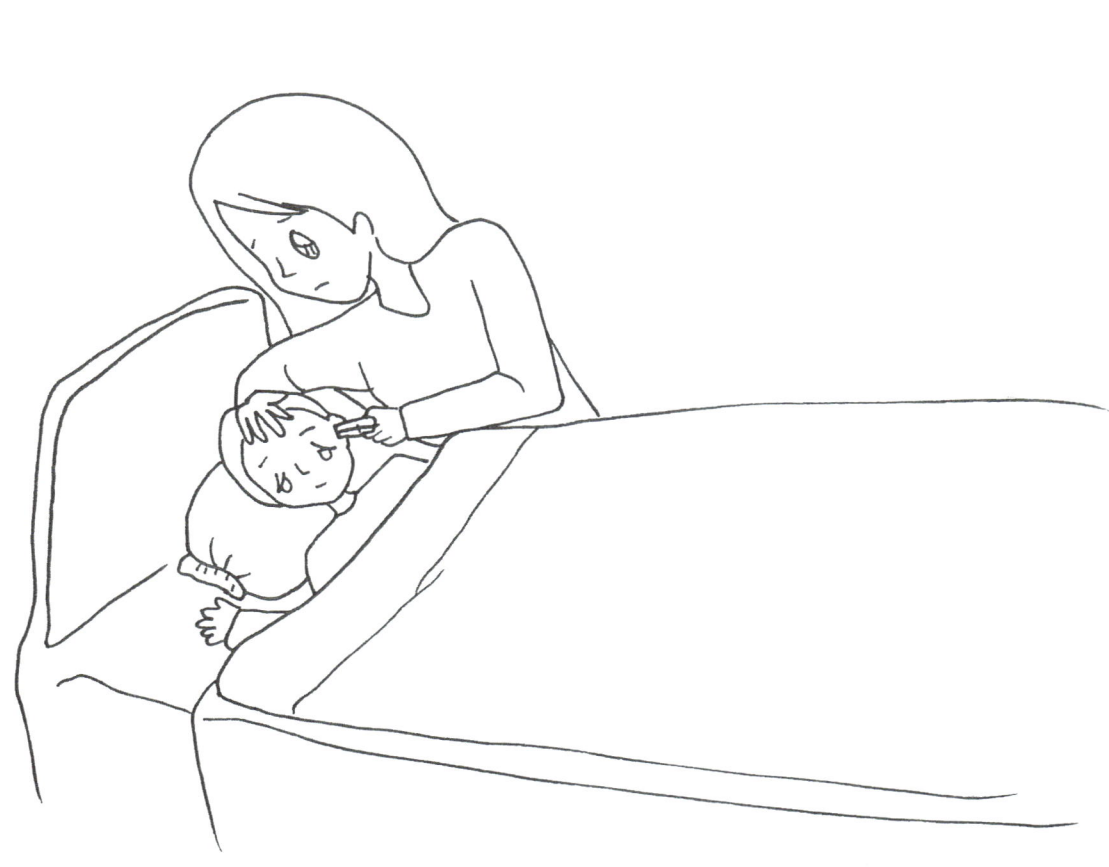

언제

04

엄마한테 언제
혼나나요?

언제

05

과자를 언제
먹을 수 있죠?

언제

06

병원은
언제 가죠?

언제

07

친구들은
언제 달려야 하죠?

언제

08

우산은
언제 쓰죠?

언제

09

치과는
언제 가죠?

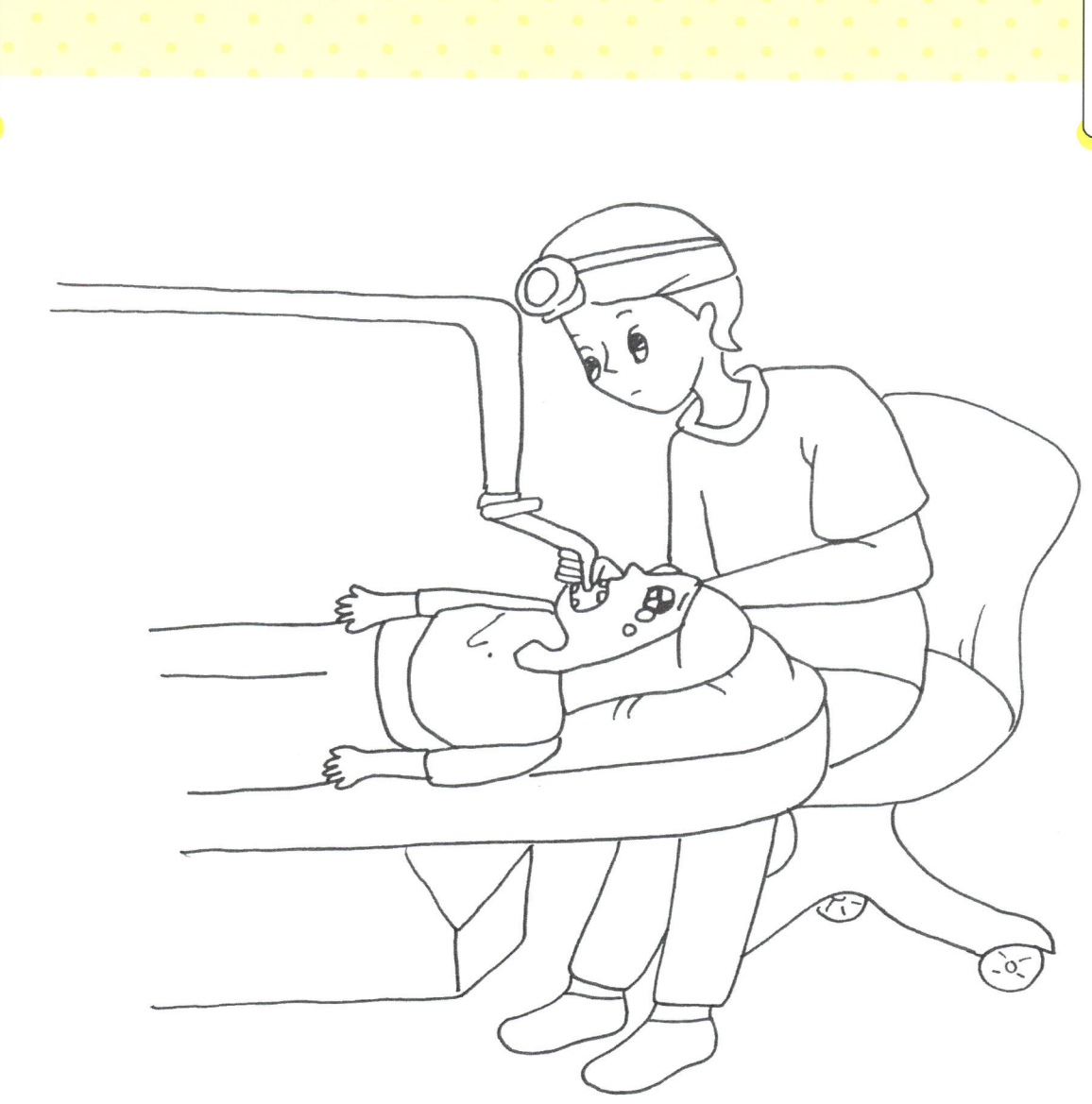

언제

10

지우개는
언제 쓰죠?

언제

11

트리는
언제 만들죠?

언제

12

송편은
언제 빚죠?

언제

13

할머니, 할아버지께
언제 세배하죠?

언제

14

새로운 선생님을
언제 만나죠?

언제

15

벚꽃은
언제 피죠?

언제

16

소방차는
언제 출동하죠?

언제

17

경찰은
언제 출동하죠?

언제

18

양보는
언제 해야 하나요?

언제

19

촛불은
언제 끄나요?

언제

20

드라이기는
언제 사용하나요?

언제

21

약은
언제 바르죠?

언제

22

컵은
언제 쓰죠?

언제

23

숟가락은
언제 쓰죠?

언제

24

안경은
언제 쓰죠?

언제

25

양치질은
언제 하죠?

언제

26

비누는
언제 쓰죠?

언제

설거지는
언제 하죠?

언제

28

벌은
언제 서죠?

언제

29

시장에는
언제 가죠?

언제

30

비행기는
언제 타나요?

KOREA

U.S.A

언제

31

마스크는
언제 쓰죠?

언제

32

수리공은
언제 오죠?

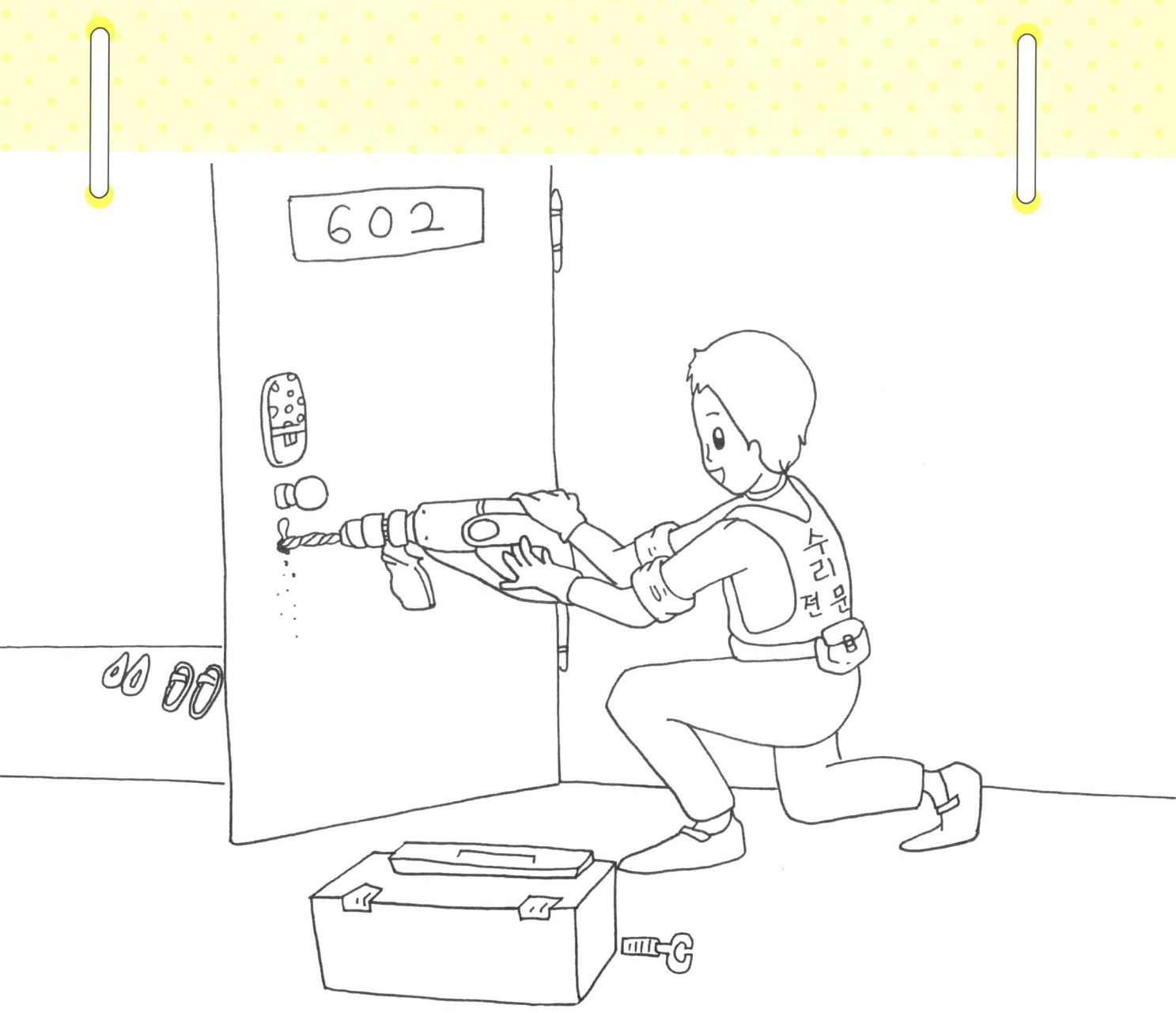

언제

33

잠은
언제 자죠?

언제

34

친구들과
언제 인사하죠?

언제

35

화장은
언제 하죠?

언제

36

물놀이는
언제 하죠?

언제

37

눈은
언제 오죠?

언제

38

카네이션은
언제 달죠?